藏在博物馆里的
中国历史

隋唐那些事儿

有识文化 编著

成都地图出版社

成都地图出版社

目录

唐 （618—907 年）

五代 （907—960 年）

铜镜映无邪
——"灵山孕宝"瑞兽铜镜

"铜镜映衬着倾城之色，也护佑主人吉祥。"

铜镜是青铜制成的用以照容的生活用具。铜镜一般作圆形（唐代中期以后，多见方形、菱花形、荷花形等），照面磨光发亮，背面常铸花纹。与其他青铜器相比，铜镜的锡含量较高，这有利于使镜面光亮，宜于映照。齐家文化墓葬中出土的约为公元前2000年的铜镜，是我国目前发现的最早的铜镜。

隋唐时期是我国铜镜发展史上的高峰期，该时期十分流行瑞兽镜。瑞兽镜一般为四兽，也有五兽、六兽和八兽。

"灵山孕宝"瑞兽铜镜呈圆形，镜背中央有圆钮，方便使用者或手持或将青铜镜悬挂在镜台上。镜背内区为规矩配置，钮周环列形态各异的四瑞兽。瑞兽丰腴柔健，行走跳跃，充满生气，

立体感强，但从形态看，很难分辨为何种兽类。外区铭文带有 32 字铭文："灵山孕宝，神使观炉，形圆晓月，光清夜珠，玉台希世，红妆应图，千娇集影，百福来扶。"大意是对这面镜子的赞美和对使用者的祝福。

文物档案

名称："灵山孕宝"瑞兽铜镜

年代：隋代

材质：铜

规格：直径 18.4 厘米

出土地：不详

收藏地：中国国家博物馆

盛世的基础

隋代结束了两百多年来战乱不止、南北分治的局面。

大兴城

大兴城是隋朝的国都，由左庶子宇文恺精心设计并组织施工，是当时世界上规模最大的城市。唐朝定都大兴城后，更名大兴为长安。

最大的战船

五牙战船高5层，最多可以容纳900多人。战船在隋统一全国的战争中发挥了重要的作用。

恢复社会经济

隋代继续推行按人口分配土地的均田制，露田在耕种者去世后会被政府收回，永业田可以让耕种者世代使用。

科举制

隋朝创立科举制后，官吏选拔范围扩大，有才学的人能通过考试参政。

虽然立国时间短暂
但是隋代创立的**三省六部制**、**科举制**
最终奠定了唐帝国盛世的基础

隋朝大运河

隋朝大运河全长 2700 多千米，是当时沟通南北的重要交通路线，是古代世界上最长的运河。

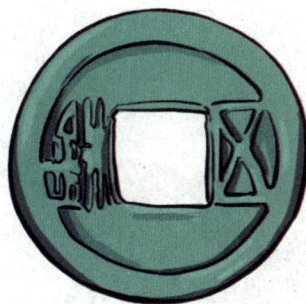

隋五铢

为了改变混乱的币制，隋文帝时发行了一种合乎标准的五铢钱。

世界第一石拱桥

由李春设计的赵州桥，开创了世界敞肩圆弧拱的先例，是世界现存最早、跨度最大的石拱桥。

"十恶"重罪

隋朝的律法《开皇律》中有"十恶"重罪，分别是：谋反、谋大逆、谋叛、恶逆、不道、大不敬、不孝、不睦、不义、内乱。

隋文帝建立规模庞大的官僚机构
开创了封建社会政治体制的新阶段

可移动的宫殿

隋炀帝杨广在位期间大兴土木，开凿运河。

隋炀帝命宇文恺等人设计了一座有轮子的可移动宫殿，名叫观风行殿。

观风行殿可以分离、聚合，殿上可容纳数百名侍卫，殿下有轮轴，能快速移动。

隋炀帝登上观风行殿，盛陈文物，奏九部乐，宴请高昌王、吐屯，三十余国使者陪列出席。

可移动的宫殿闲时停放在洛阳皇宫内，隋炀帝出行时坐在这座宫殿里，命大量的士兵随从护送。

可移动宫殿所到之处，都会吸引百姓围观，其中包括少数民族。

山水画的开山之作

——《游春图》

"远近山川，咫尺千里。"

　　《游春图》是一幅山水画，描绘了人们在风和日丽、春光明媚的季节，到山间水旁踏青游玩的情景。全画以自然景色为主，人物点缀其间。湖边曲折的小径，蜿蜒于幽静的山谷之中。人们有的骑马，有的步行，沿途观赏着青山绿水的胜境。湖面上波光粼粼，美丽的仕女泛舟湖上，流连忘返。山腰和山坳间建有几处房屋，树木掩映，十分幽静，令人神往。

　　画家运用细而有力的线条勾画出物象的轮廓，人物虽然小如豆粒，但一丝不苟，形态毕现。山石树木只用线条画出，可以看到行笔轻重、粗细、顿挫、转折的变化。作品的色彩浓丽厚重，以青绿的色彩为主调，建筑物、人物和马匹间配以红、白诸色，既统一和谐，又富有变化。亮丽的色彩亦更好

地衬托出大好河山盎然勃发的春天气息。

　　该画作者是隋代绘画大师展子虔。他有极高的绘画天赋，在山水画的研究上成就显著，创立了"青绿山水"的绘画形式，被后世誉为"唐画之祖"。《游春图》是现存的古代山水画的重要代表。

文物档案

名称：《游春图》

年代：隋代

材质：绢本

规格：纵 43 厘米
　　　横 80.5 厘米

收藏地：故宫博物院

王朝的兴亡

大量的天灾与人为的祸乱并存，使得刚刚建立的统一王朝很快走向灭亡。

隋朝建立

北周末年，外戚杨坚掌握大权，581 年，杨坚逼周静帝让位，夺取北周政权，改国号隋，定都长安。

隋朝灭陈

陈后主贪图享乐，荒废朝政。隋军大举南下时，陈后主犹恃长江天险，不作戒备。589 年，隋灭陈朝，统一全国。

三省六部

隋朝初期，隋文帝在中央设三师、三公、五省。三师、三公是荣誉虚衔，五省之中，只有尚书、门下、内史（中书）三省才是真正的中枢权力机构。三省各有分工。

杨广杀父弑兄

隋炀帝杨广是隋文帝的次子。相传他杀害了隋文帝，之后又假造文帝遗诏缢杀兄长杨勇。

隋炀帝好大喜功
纵情享乐
随意压榨百姓
强盛的帝国日渐衰落

三征高句（gōu）丽

隋炀帝在位初期，凭借国富力强，三征高句丽，未能攻破，却因连年兴兵激化了社会矛盾。

炀帝暴政

隋炀帝为了满足自己骄奢淫逸的生活，大兴土木，修筑宫殿，奴役民众多达几百万人。

农民起义

隋朝末年，统治者征敛无度，加之灾年饥馑，百姓困苦，最终爆发大规模的农民起义。

隋炀帝之死

首先在山东爆发的农民起义迅速蔓延至全国，隋炀帝计划迁都丹阳（今南京），身边的侍卫因思念故乡而计划逃跑。宇文化及等借机煽动军士进入宫中，缢杀隋炀帝。

受尽苦难的百姓
终于奋起反抗
盛极一时的隋朝灭亡

盛唐时期地图

618—755 年

宝相花纹月饼
月饼的花纹图案搭配得有致，体现了当时人们的面点制作技艺。

白瓷辟雍砚
唐代砚台的需求量很大，瓷砚的形制主要是仿自汉代的辟雍砚。

三彩盖罐
唐三彩的代表作，釉彩鲜明亮丽，器型完整。

斗鸡
唐玄宗爱好斗鸡，经常在长安举行规模盛大的斗鸡比赛。

山西南禅寺
中国现存最早的木构建筑，寺中雕塑技艺精湛，堪称唐代雕塑艺术的珍品。

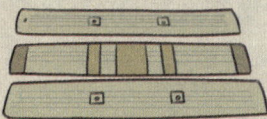

双陆
古代博戏用具，也是一种棋盘游戏，在世界多个地方演变出多个版本。

贝叶经
写在贝树叶子上的经文，多为佛教经典，还有一部分古印度梵文文献。

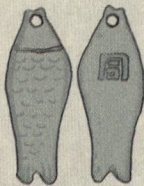

鱼符
铜制的鱼形符信，是古代官员用以证明身份和征调兵将的凭证。

曲辕犁
唐代劳动人民发明的耕犁，其辕曲，因此得名，以区别于直辕犁。

提梁银锅

整件器物造型简洁，制作精良，内底有唐人墨书题记"一斤二两半"。

玄奘

代高僧，是我国汉传佛教大佛经翻译家之一，西行求法带回经书。

开元通宝

唐高祖为整治混乱的币制，废隋钱，效仿西汉五铢的规范，铸"开元通宝"。

鞑

鞨

唐代琵琶

文成公主入藏时带着的诸多乐器中的一件。

大兴安岭

长白山

顾

阴山山脉

贺兰山

黄

河

水

黄

渤 海

黄 海

东海

武则天

中国历史上唯一的正统女皇帝.

长 江

水 江

东 海

流求

戴帷帽骑马仕女俑

女俑圆脸，阔眉，头戴紧裹鬓发的帷帽，是唐代女性自由生活的真实写照。

唐太宗

唐朝第二位皇帝，励精图治，开疆拓土，开创了"贞观之治"的盛世.

南 海
（涨 海）

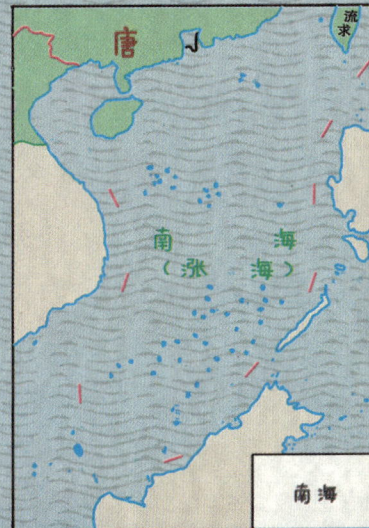

流求

唐

南 海
（涨 海）

南海

天可汗的战马

——昭陵六骏

"足轻电影，神发天机，策兹飞练，定我戎衣。"

李世民少年从军，在唐朝的建立和统一全国的过程中功勋卓著。贞观十年（636年），唐太宗李世民下令营建昭陵，并令人将他骑乘过的六匹战马刻在昭陵以纪功。

昭陵六骏分别为特勤骠、青骓、什伐赤、飒露紫、拳毛䯄、白蹄乌，是由画家阎立本画图起样，再由雕刻工艺家依形复制刻于石上，由当时的大书法家欧阳询将唐太宗亲自书写的赞美诗书于原石上角，完成后放置在昭陵北麓的祭坛之内。"足轻电影，神发天机，策兹飞练，定我戎衣"便是太宗对青骓马的赞美诗。

昭陵六骏在20世纪初遭到严重破坏，飒露紫、拳毛䯄两块石板于1914年被盗，现存于美国费城宾夕法尼亚大学博物馆中。

　　昭陵六骏继承了秦汉以来雕刻重神采气势的传统，采用高浮雕的形式将六匹骏马生动地再现在石板上，六马姿态各异，但均雄劲有力，高度体现了中国古代雕塑的艺术水平。

　　2001年，国家邮政局发行了一套名为《昭陵六骏》的特种邮票。

文物档案

名称: 昭陵六骏

年代: 唐代

材质: 青石

规格: 每块高250厘米
　　　　每块宽300厘米

出土地: 陕西咸阳

收藏地: 西安碑林博物馆

开基立业

唐朝吸取了隋朝灭亡的教训。

巡游江都

隋炀帝特别喜欢外出巡游，从东都到江都的运河刚刚完工，隋炀帝就带着20万人的庞大队伍到江都去巡游。一来是游玩享乐，二来也是向百姓摆威风。

群雄并起

隋朝末年，社会时局颇为混乱，国内涌现出了各路能力超群的人物。

起兵晋阳

李渊在镇压农民起义的过程中，招降纳叛，不断扩充自己的实力，于617年在晋阳（今太原）起兵反隋。

瓦岗寨起义

隋末的暴政导致了全国性的起义爆发，其中翟让、李密领导的瓦岗军实力最强。

"自黑"皇帝

李渊怕隋炀帝怀疑他造反，就假装自甘堕落，每天毫无节制地饮酒，还收受贿赂，用"自黑"的方式得以自保。

"女汉子"公主

李渊第三女平阳公主是个会打仗的"女汉子"，李渊起兵时，她曾率7万人响应，时称"娘子军"。

唐朝建立

617年，李渊率军攻克长安，并拥立代王杨侑为帝。618年，隋炀帝被杀后，李渊趁机称帝，建立唐朝。

秦王李世民

618年，李渊称帝，封李世民为秦王。他在唐的建立和统一全国的过程中立下了许多战功。

唐朝建立中期
关陇集团退出历史舞台

最好的年纪想胖就胖
——唐三彩女立俑

"大唐的女子，拥有相对较多的选择。"

唐代的陶瓷器生产水平较高，闻名中外的唐三彩，造型精美，色彩亮丽。

这件三彩女立俑是唐代的陶器作品。女立俑面庞丰润，双眼微眯，下颌微抬，微微向上仰视；红唇微启，露出甜美的微笑，似乎让人看到了她对现实生活的满足和对美好未来的遐想。她站姿优雅，穿着落地长裙，轻薄的衣裙与丰腴肥美的体态完美结合在一起，衣裙自然流畅的丝绸质感和优美的曲线条，充分体现出唐代女性的柔美、端庄、矜持、风雅

和高贵。

　　唐代经济高度繁荣，社会自由发达，女性地位明显提高，主要体现在女性参政、参与社会交往、接受教育和一定的婚姻自由权等方面。但我们必须认识到，唐朝仍然是"男尊女卑"的社会，当时女性地位的提高，是源于特殊的历史背景，并不意味着女性地位发生了根本改变。

文物档案

名称：唐三彩女立俑
年代：唐代
材质：陶
规格：高 42 厘米
出土地：陕西西安
收藏地：陕西历史博物馆

天可汗

明君的出现，预示着一个盛世即将到来。

箭术无双

李世民年轻时力大无比，箭术高超，曾在他的大将军面前说："我拿着弓箭，你手持马槊相随，即使有百万大军又奈我何！"

大难不死

唐朝建立后，太子李建成与李世民之间展开了激烈的斗争。李建成曾在李世民的酒里下毒，幸而李世民中毒不深。

玄武门之变

626年，秦王李世民在玄武门设伏，射杀了太子李建成和齐王李元吉。李渊眼看无法挽回，只得禅位于李世民。

贞观之治

唐太宗李世民继位之后，勤于政事，广纳贤才，虚心纳谏，开创了有名的贞观盛世。

鱼符调兵

唐代法律规定，需要调动军队时使者带着"鱼符"的左半边前往军营，军营的副统帅拿出"鱼符"的右半边，二者相合一致才能发兵。完成任务后，使者必须马上将左半边"鱼符"带回。

帝国名人堂

为了表彰开国功臣，唐太宗修建凌烟阁来陈列阎立本所绘二十四位功臣画像。

唐代百姓义务

除了要种田缴税之外，唐朝百姓每年还需要向朝廷缴纳粟、布匹、棉花、麻布等物资，并且要服役 20 天，也可以用物资代替服役。

天下十道

为了加强中央对地方的控制，唐太宗将天下分为十道，并派官员巡查各个区域，以起到监察管理的作用。

厉行节约
使百姓休养生息
以缓和阶级矛盾
稳定社会秩序，恢复经济

大唐天可汗

唐代是中国历史上一个意气风发的时代。

唐太宗时期，大唐帝国四面出击，金戈铁马，气吞万里如虎，四夷皆服。

唐太宗李世民对少数民族采取了比较开明的怀柔政策，促进了民族间的融合。

唐太宗李世民得到了周边各族拥戴，唐代少数民族首领尊称他"天可汗"。

在唐太宗逝世的消息传出后，少数民族首领们为之伤心，有的还请旨自杀殉葬。

沉睡的盛世

——青釉褐彩"一别行千里"诗文壶

"一别行千里，再见是暮年。"

在唐朝，吟诗作赋不仅是贵族间的高雅活动，而且社会各阶层都能够参与进来，在宫廷别院、茶楼酒肆到处可见热闹的诗词表演。人们赋以旋律，配以歌舞，佐以茶酒，生活的激情在觥筹交错间肆意奔涌。诗词承载了唐代人的喜怒哀乐，反映了唐代人的生活。

据不完全统计，现已发现长沙窑瓷器上书有通俗诗或诗句近百首，开创了独具特色的"瓷诗文化"。据考古学家考证，这些器物都是酒器，也可以当作茶壶，是一种风靡盛唐的生活器具。大都市的商人们发现这种将诗词烧制在壶身上的酒壶，能给酒馆带来更好的销量，很多小康家庭也非常乐意为这种雅致而新鲜的潮流买单。

这把壶用褐彩在流嘴

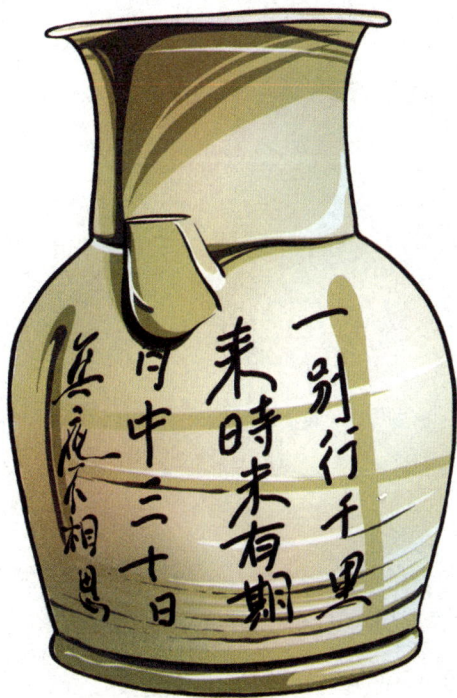

（注：原件壶口已损坏，图为修复件）

下的腹部题写了诗歌一首："一别行千里，来时未有期。月中三十日，无夜不相思。"盛唐时，长沙窑的瓷器遍布亚洲各地，出口至29个国家和地区，通过水运，从湘江入长江，经扬州、宁波、广州等口岸，开辟了一条通往南亚到北非的"海上陶瓷之路"。唐代诗人李群玉的《石渚》描绘道："古岸陶为器，高林尽一焚。焰红湘浦口，烟浊洞庭云。回野煤飞乱，遥空爆响闻。地形穿凿势，恐到祝融坟。"

贞观盛世

民依于国，国依于民。

唐朝门神

相传，太宗生病，闻门外有鬼魅呼号，秦琼请求与尉迟敬德戎装立于门下，夜果无事。于是命人画二人像，悬挂于宫门左右。后世沿袭为门神以镇邪。

最幸运的"枪手"

唐太宗常令百官上书谈论朝政得失，将军常何不涉经学，便让门客马周帮自己出主意。太宗知道后大力提拔马周，最后官至宰相。

程咬金

程咬金，唐朝开国名将，凌烟阁二十四功臣之一，骁勇善战，善用马槊，参与了玄武门之变。

醋坛子

相传，房玄龄纳妾但夫人不同意，太宗便对她说："要么同意纳妾，要么喝下这坛毒酒！"结果房夫人真喝了酒，其实"毒酒"是醋，从此她就有了"醋坛子"的外号。

知人善任，用人唯贤
虚怀纳谏，整顿吏治
增加科举考试科目
完善三省六部制，制定法律

兼听则明，偏信则暗

唐太宗曾问魏征："作为君主，怎样做才算明辨是非？"魏征答："听取多方面意见才能明辨是非，听信一方面的话，就会作出错误的判断。"

最佳拍档

房玄龄擅长出谋划策，杜如晦敢于决断，他俩经常一起为皇帝解决疑难问题，后人称他们"房谋杜断"。

皇帝怕大臣

唐太宗曾得到一只很好的鹞鹰，把玩时见魏征前来，便将其藏在怀中。魏征故意逗留，最后鹞鹰被闷死在太宗怀中。

一代贤后

魏征因说话太直惹怒了唐太宗，太宗扬言要杀了他，长孙皇后反倒恭贺太宗说："因为陛下圣明，才能让大臣直言意见。"唐太宗听完怒气全消。

政治比较清明
经济进一步发展

万国来朝
——《步辇图》

"不论何种肤色，这座城市里的人只有一个身份——大唐人。"

7世纪时，吐蕃领袖松赞干布统一了吐蕃地区，并建立了王国。这位杰出的领袖仰慕中原文化，他多次派使者向唐朝皇帝提出和亲的请求。唐太宗答应他的请求，决定将宗女文成公主许配给他。641年，松赞干布派遣相国禄东赞到长安迎娶文成公主。

《步辇图》描绘的是唐太宗接见禄东赞的情景。它由著名画家阎立本绘制，被称为"中国十大传世名画"之一，现藏于故宫博物院。

图卷右半部分是在宫女簇拥下坐于步辇上的唐太宗，图卷左半部分从右至左三人依次为身穿红袍的引见官员、拱手而立的吐蕃使臣禄东赞、身穿白袍的内官，

全画以细致的线条塑造人物
形象，展现了太宗的威严、
使臣的谦和、引见官员和内
官的恭谨、宫女的活泼，禄
东赞和太宗等在服饰上的差
异也有所体现。

文物档案

名称：《步辇图》
年代：唐代
材质：绢本
规格：纵 38.5 厘米
　　　　横 129 厘米
收藏地：故宫博物院

万国来朝

驱逐东突厥

因东突厥不断侵扰唐朝边境，唐太宗派兵打败东突厥，并设立都督府。

安西都护府

唐军灭亡高昌国之后，在高昌设立了安西都护府。

北庭都护府

武则天时期，在庭州设立了北庭都护府，管辖天山以北包括阿尔泰山和巴尔喀什湖以西的广大地区。

接受册封的回纥人

骨力裴罗统一部落之后，唐朝先后封他为"奉义王""怀仁可汗""右骁卫员外大将军"。

黑水都督府

唐朝在东北设立了黑水都督府，并任命靺鞨首领为都督，管辖范围相当于现在的黑龙江中下游地区。

渤海都督府

粟末部首领大祚荣统一了渤海，建立了震国，被唐帝国封为渤海郡王。

云南王

南诏王皮逻阁在唐帝国的支持下，统一六诏，被封为云南王。

安东都护府

唐朝和新罗联军在灭亡高句丽之后，设立了安东都护府。

波斯王子

7 世纪中期，波斯国被阿拉伯帝国灭亡，波斯王子逃到长安寻求帮助，后来回乡复国失败。

文成公主入藏

唐蕃和亲促进了吐蕃经济和社会的发展，也增进了汉藏两族的友好关系。

遣唐使

唐朝时，日本多次派遣使节到中国，学习先进的制度、天文历法、文字等，对日本社会发展产生了深远影响。

鉴真东渡

鉴真接受日本僧人的邀请东渡日本，不仅在日本传授佛经，还传播中国的医学、文学等。

西天取经

贞观初年，玄奘西行天竺取经，带回大小乘佛教经律论书共 657 部。

热闹的大明宫

太液池，位于大明宫北部中央，有东池和西池两部分，西池中央有蓬莱岛。

大明宫是长安城内规模最大的一座宫殿，也是唐朝的政治中心和国家象征。

大明宫始建于唐太宗时期，有前朝和内庭两部分，前朝以朝会为主，内庭以居住、游玩为主。

大明宫的中心建筑有含元殿（皇帝举行外朝大典）、宣政殿（皇帝进行常朝）、紫宸殿（皇帝召见臣子议论朝事）。

大明宫的选址和修建讲究一定的象征意义，不仅符合封建礼制的规定，还考虑实际应用的需求。

麟德殿位于大明宫北、太液池西，是皇帝举行宴会和接见外国使节的便殿。

丹凤门是大明宫的正南门，是皇帝举行登基、改元、宣布大赦等外朝大典的场所。

粮食档案
——含嘉仓刻铭砖

"帝国粮仓掌管着朝廷官员的俸禄，也是国家兴亡的命脉。"

含嘉仓刻铭砖，唐代一个名为"含嘉仓"的粮仓中的一块石刻铭砖，记录了仓窖位置、储粮来源与数量、入窖年月，以及授领粟官的职务、姓名等，现被洛阳隋唐大运河博物馆收藏。含嘉仓刻铭砖是国家一级文物，

含嘉仓也于2014年成功入选世界遗产名录。

唐朝以前，大城市的粮仓大多建在城墙外，存在许多安全隐患。唐朝统治者为消除隐患，确保城内的粮食供应，在洛阳城内皇城外东北方精心谋划修建了含嘉

仓。含嘉仓是当时全国最大的粮仓，不仅能储存粮食，还能像物流中心一样连接关东和关中之间的粮食运输。

经考古发掘，含嘉仓遗址面积有40多万平方米。仓窖口径最大的达18米，最深的达12米。含嘉仓共

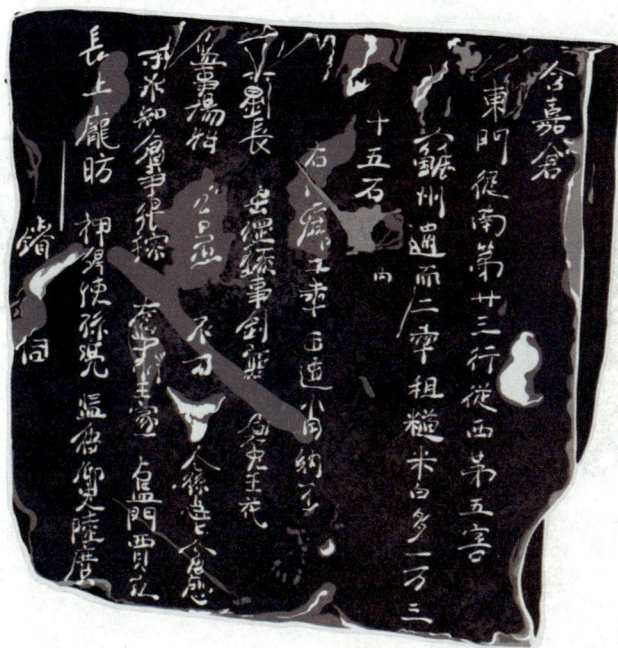

有圆形仓窖 400 余个，大窖可储粮 1 万石以上，小窖也可储粮数千石。唐天宝八年（749 年），含嘉仓的总储粮量为 580 余万石。开元年间，裴耀卿整顿漕运后，其地位渐为汴口的河阴仓所替代。

文物档案

名称：含嘉仓刻铭砖
年代：唐代
材质：石砖
规格：长 32.5 厘米
　　　　宽 32.5 厘米
　　　　厚 6.5 厘米
出土地：河南洛阳
收藏地：洛阳隋唐大运河博物馆

盛世的传承

科举制是王朝选拔人才的基本制度。

不会打仗的农民不是好士兵

唐朝前期推行府兵制。府兵平时要耕田种地，农闲时操练，战时从军打仗。

投牒自应

唐代士子参加科举，只要身家清白且有才能，都允许自我推荐，而不必非得由公卿大臣或州郡长官特别推荐。

永徽之治

唐高宗即位之初，继续执行太宗制定的政治经济制度，当时唐朝的疆域拓展到最大，政治稳定，经济发展，被称为"永徽之治"。

官员证

每位唐朝官员都有一个官员证，类似饭卡大小的"鱼符"，分左、右两半，左符放在内庭，右符官员随身携带。

六学二馆

唐朝非常重视教育，在长安设立了六学二馆。"六学二馆"均为官学，具体是指国子学、太学、四门学、律学、书学、算学和弘文馆、崇文馆。

从尼姑到皇后

唐太宗去世后，武则天被安排到感业寺当尼姑，后来被唐高宗李治接回皇宫作了昭仪，后被立为皇后。

大唐第一运动

马球运动是唐朝名副其实的第一运动，不仅是皇帝和贵族积极参与的活动，在对外文化交流中也发挥了重要作用。

帝后同朝

唐高宗身体不好，常常让皇后武则天协助他处理国事。上元元年（674年），高宗称"天皇"，武则天称"天后"，宫中称之为"二圣"。

继承贞观之遗风
治国平天下

行走的演唱会
——唐三彩载乐骆驼俑

"八人乐团，随着骆驼的脚步，悠游四方。"

唐三彩载乐骆驼俑是盛唐时期的三彩釉陶器，到目前为止，类似主题的唐三彩器物被考古发现的较少。它属于国家一级文物，现藏于陕西历史博物馆。2013年8月被国家文物局列入《第三批禁止出境展览文物目录》。

这件文物描绘了一支当时流行于长安的西域风民谣乐队——胡部乐队。乐队中的笙、箫以及排箫乐手负责乐曲的低声部分，主要表现伤感和苍凉的特色；筚篥、笛子、琵琶是相对中高音的部分，活泼和热闹的曲调是他们最在行的；拍板手控制着整个乐队的节奏；乐

队中间那名站立的女歌手则是整个乐队的灵魂——女声独唱。八名乐队成员在一匹骆驼驼峰的移动舞台上进行这一场精彩的演出。唐朝社会风气较为开放，能歌善舞的各国艺人在长安的大舞台上，演绎着人们对太平盛世的赞美和对美好生活的追求。

文物档案

名称： 唐三彩载乐骆驼俑
年代： 唐代
材质： 陶瓷
规格： 高 58 厘米
　　　　 长 43 厘米
出土地： 陕西西安
收藏地： 陕西历史博物馆

女皇治国

武则天，是中国历史上唯一正统的女皇帝。

扬州兵变

为了反对武则天专权，徐敬业联合部分官员聚集了十几万大军在扬州举兵造反，武则天派兵很快镇压下去。

鼓励告密

武则天大开告密的渠道，还给告密的人发奖励，相当于建立了一个情报中心。

唯一的女皇帝

在唐高宗李治去世后，武则天接连废掉两个已经做了皇帝的儿子，自己取而代之，改国号为周，成为中国历史上唯一的女皇帝。

酷吏横行

为了惩罚和告诫反对者，武则天任命了周兴、来俊臣等酷吏掌管刑狱，以震慑天下。

知人善任，重视选拔人才
开创殿试、武举制度
使得政治一片清明

中国版福尔摩斯

狄仁杰任大理寺丞时，一年内判决了大量积压案件，且无一人冤诉。

女皇的女秘书

上官婉儿是唐代有名的才女，因聪慧善文而得到武则天重用，掌管宫中制诰，有"巾帼宰相"之名。

重视农业

武则天重视农业。朝廷规定凡是耕地增加、家有余粮的州县，官员就可以得到奖赏；反之，则要受到相应的惩罚。

皇家擂台

以前的科举制只有文化考试，武则天创立了"武举"，以选拔有能力的武官。

奖励农桑，改革吏治
收复失地，安抚边境
为盛世奠基

41

时间管理大师

——唐彩绘陶十二生肖俑

"时间代表着秩序和规则，守护时间就是在守护秩序。"

十二生肖俑是古人用来"除邪""辟邪"的随葬品，多见于隋唐、五代及宋代的墓葬，俑的形象中有的是人俑带生肖，有的是人身生肖头，有的是人捧生肖，其姿态有立姿和坐姿。隋唐时期的生肖俑多为陶质，也有个别铁质、石质、瓷质的。宋代时瓷质的生肖俑增多，但总体来看，还是以陶质为主。

现收藏于陕西历史博物馆的唐彩绘陶十二生肖俑，共十二件，均为兽首人身，头部分别为鼠、牛、虎等十二生肖动物形象；身体为人形，着敞领宽袖袍服，双手拱于胸前。整组俑组合完整，造型生动，是难得的艺术精品。

中国古代用十二种动物与十二地支相配，称"十二生肖"，即子鼠、丑牛、寅

虎、卯兔、辰龙、巳蛇、午马、未羊、申猴、酉鸡、戌狗、亥猪。唐代的部分铜镜、金银器及墓碑上也有十二生肖形象，墓葬中出土的生肖俑较多。

十二生肖简直就是时间管理大师，十二生肖代表着十二个时辰、十二个月、十二年，与我们未曾有一刻的分离。

文物档案

名称：唐彩绘陶十二生肖俑
年代：唐代
材质：陶
规格：共 12 件，高约 38.5~41.5 厘米
出土地：陕西西安
收藏地：陕西历史博物馆

宫廷内斗

李隆基成为残酷的宫廷内斗中最后的胜利者。

"二张"得势

武则天暮年时，宠臣张昌宗、张易之兄弟专权，李显的儿女私议张昌宗兄弟二人，被武则天下令杖杀。

女人的天堂

唐朝女性地位较高。她们热爱运动，风行一时的马球运动也有许多女性参加。

韦氏专政

唐中宗李显继位后，皇后韦氏妄图效仿武则天，暗中排除异己，培植自己的势力。

神龙政变

武则天卧病后，宰相张柬之等人联合禁军发动政变，诛杀"二张"，逼迫武则天退位，迎立中宗复位。

外戚干政现象严重
他们迫害忠良、任人唯亲、挥霍无度

蛇蝎美人

唐朝美人安乐公主十分骄横，为了一己私利，和皇后韦氏合谋毒死了中宗。

唐隆政变

唐中宗李显死后，韦皇后拥立幼子登基并临朝摄政。李隆基联合禁军将领发动宫廷政变，杀死韦皇后和安乐公主。

退位让贤

韦皇后集团倒台后，唐睿宗李旦继位，太平公主与太子李隆基之间矛盾日深。后来，唐睿宗将皇位传给了太子李隆基，就是唐玄宗。

开元盛世

唐玄宗初期整顿吏治、精简机构，并任用贤能，唐代进入鼎盛时期，史称"开元盛世"。

宫廷内斗不断，政局动荡
直到唐玄宗即位才稳定了局面

唐隆政变

唐中宗末期，韦皇后专权，扰乱朝政，李隆基等人联合禁军发动政变。

唐中宗李显对妻子韦皇后十分纵容，导致李唐王朝的政治大权被韦皇后一族掌握。

唐中宗李显死后，韦皇后临朝摄政，扶李重茂登基，改元唐隆，独揽大权之心昭然若揭。

韦氏集团的残酷手段，使不少臣子深受迫害，他们非常支持李隆基发动政变。

李隆基带领禁军闯入皇宫，杀了韦皇后、安乐公主，彻底剿灭了韦氏集团。

唐隆政变之后，李隆基的父亲李旦被迎立为皇帝，李隆基被立为太子。

西域新声

——鲁山窑花瓷腰鼓

"生活和梦幻，都在这舞姿和鼓点中交织、旋转。"

腰鼓是由西域传入中原的一种木腔乐器，历经两晋南北朝与隋唐的发展，不仅被吸收进唐乐，还被烧制成陶瓷腰鼓，别具特色。该腰鼓广口细腰，鼓身凸起弦纹7道。通体以花釉为饰，在漆黑匀净的釉面上显现出许多蓝白色斑块，宛如黑色绸缎上的纹饰，优美动人。

鲁山窑花瓷腰鼓的装饰工艺属于瓷器中的彩瓷装饰。所谓彩瓷装饰，就是在一种色釉上再洒上另一种色釉，形成大小各异的斑纹，它是唐代工匠在继承两晋时青釉褐斑装饰技艺基础上的发展与创新。

根据相关资料证明，这类瓷腰鼓采用动物皮作为鼓皮，所绷的鼓皮略大于腰鼓圆面，鼓皮周边等距离留孔，以便用皮条拴系。唐代腰鼓演奏有两种形式：一是

原地击拍，乐师席地而坐或跪坐，腰鼓放在腿上，双手拍打；另一种形式是在舞蹈中击打，腰鼓挂在乐师的胸前。一般来说，击腰鼓的乐师在奏乐时位于整个乐队的前方，起到指挥乐队的作用。

唐代流行腰鼓，日本、朝鲜深受唐文化影响，所以也有使用腰鼓的历史。现藏于日本正仓院的腰鼓，系对中国唐代陶瓷腰鼓的仿制，朝鲜仍在使用长鼓，这些都可看作唐朝社会风尚以及对外文化交流的历史见证。

文物档案

名称：鲁山窑花瓷腰鼓
年代：唐代
材质：瓷
规格：长 58.9 厘米
　　　　鼓面直径 22.2 厘米
出土地：河南鲁山
收藏地：故宫博物院

安史之乱

盛唐的升平景象，在玄宗统治后期急转直下。

端五更名

端五原泛指初五日，为了避开唐玄宗的生日（八月初五），当时人们把"端五"改成了"端午"，后世沿袭。

《霓裳羽衣曲》

唐玄宗富有音乐才华，他创作的《霓裳羽衣曲》堪称音乐史上的杰作。

贪图享乐的唐玄宗

开元末年，唐玄宗沉迷享乐，并任用善于阿谀奉承的李林甫为宰相，朝政日趋腐败。

被误解的含羞草

传说，杨玉环初入宫时无意中用手碰到了含羞草，草的叶子立刻卷了起来。宫女们就说是因为她的美貌让花草都羞得低下了头。

贵妃哄干儿子

安禄山请求当了杨贵妃的干儿子。他生日过罢的第三天，杨贵妃让人给他洗澡，洗完再用一条锦绣大襁褓包住他，并把他放在一顶彩轿里抬着转来转去。

范阳起兵

安禄山善于讨好皇帝，当时有很多大臣对唐玄宗说安禄山要造反，但唐玄宗并不相信，直到安禄山在范阳起兵后唐玄宗才如梦初醒。

灵宝之战

在灵宝之战中，安史叛军用柴草车堵住道路，并顺风放火烧车，烈焰腾空，烟雾漫天，熏得唐军士兵睁不开眼，互相推挤掉进河中，死伤累累。

逃跑皇帝

安史叛军从河北大举南下，先攻占了东都洛阳，又攻入潼关，逼近长安。唐玄宗仓皇出逃到四川。

居安思危
才能避免灭亡的结局

唐末时期地图

755—907 年

青釉凤首龙柄壶
通过壶的顶端塑一凤头，尖嘴流，合而成为一只玉立的凤鸟。

铜鎏金罗汉坐像
唐代以丰腴为美，因此当时的佛教造像面部圆润，体态丰硕饱满。

甘露之变
唐文宗不甘被宦官控制，策划诛杀宦官，计划败露造成兵变。

三彩烛台
烛台色彩绚丽，纹饰流畅自然，呈现出一种大唐盛世的雍容气度。

筒车
利用湍急的水流转动车轮，使车轮上的水筒自动盛水，提上岸来进行灌溉。

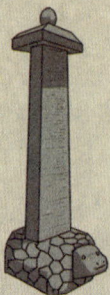

黄巢起义
唐末民变中，历时最久、遍及最广、影响最深远的一场农民起义。

唐蕃会盟碑
唐朝和吐蕃双方盟誓和平，将盟文刻石立碑，树于拉萨大昭寺门前。

葛 逻 禄

阿 尔 泰 山 脉

回

昆 仑 山

吐

马

雅 山 脉

蕃

鲁山窑花瓷腰鼓

腰鼓造型硕大规整，线条柔和，纹饰奔放，是唐代瓷器的传世精品。

鹘

泾原兵变

四年（783年），泾原镇兵变，攻陷长安，唐德仓皇出逃至奉天。

大 兴 安 岭

黑 水 靺 鞨

契 丹

渤 海

长 白 山 脉

渤 白
海 山 山脉

四镇之乱

唐德宗打算压制藩镇，重振中央权力，却引发了四镇节度使的叛乱。

阴 山 山 脉

贺 兰 山

黄 河

河 水

唐

江

三彩武士俑

武士俑右手握拳上举，左手又扶于腰际，形神兼备，气宇轩昂。

黄 海

东 海

青瓷鸟埙

埙有陶制、石制和骨制等，以陶制最为普通，青瓷鸟埙则十分少见。

长 江

江 水

大秦景教石经幢

经幢是在石柱上雕刻经文的多角石柱。景教经文的出现表明了唐代宗教融汇的现象。

东 海 海

钓 鱼 岛 赤 尾 屿

流 求

诏

南 海
（涨 海）

唐

流 求

南 海

南 海
（涨 海）

南海

投龙祈福
——唐赤金走龙

"唐人将祈福文简和金龙、玉璧扎在一起投入名山大川，并祈求上天回应。"

唐德宗时期，唐帝国的荣耀和强盛也已不复存在。黄河流域又出现了一批新的割据势力，中央皇室与地方豪强再一次出现了剑拔弩张的局面。虽然唐德宗拥有再次复兴大唐的雄心，但是却没有能力驾驭过于复杂的政治局面。由于利益分配不均，几个节度使再次联合造反，将唐德宗赶出长安。虽然叛乱很快被平定，但是帝国最后的尊严已经不复存在。

长安陷落时，掌管金龙的刘震将金龙私自埋藏了起来。半年后，德宗皇帝返回时将被迫投降的刘震处死，这一组金龙从此就消失不见

了。直到 1970 年，考古学家才在陕西西安南郊发现这组珍宝。据推测，这组金龙是皇帝用来祭祀的法器。唐朝有将篆刻着自己的愿望的金龙或者玉简投掷到名山大川以求长生的习俗，包括皇帝在内的很多王公贵族都有到名山大川中"投龙"祈福的习惯。在"投龙"时还会举行一些道教的仪式，金龙则会被当作人死之后升入仙界的信物。除了投掷之外，还可以将祈福之物就地埋藏起来。

文物档案

名称： 唐赤金走龙

年代： 唐代

材质： 金

规格： 共 12 件，高 2.1~2.7 厘米，长 4.1~4.3 厘米

出土地： 陕西西安

收藏地： 陕西历史博物馆

帝国的衰落

当政权逐渐被宦官势力掌控，偌大的王朝变得岌岌可危。

马嵬驿兵变

安史之乱爆发后，唐玄宗西逃至马嵬驿时，禁军兵变，杀死宰相杨国忠，玄宗被逼下令勒死了杨贵妃。

另起炉灶

与唐玄宗一起出逃的太子李亨，在半路北上讨伐叛军，并在灵武称帝，命李光弼、郭子仪等名将讨伐叛军，逐渐扭转了局势。

太监封王

李辅国因在平定安史之乱中立了大功而逐渐掌握了兵权，还被封为博陆郡王。他是唐朝第一个被封王的太监。

宦官跋扈

唐肃宗时期，宦官李辅国专横跋扈，竟然斩杀了想要除掉他的张皇后。

四镇之乱

唐德宗时，魏博镇、淄青镇、山南东道、成德四镇举兵叛乱，最终被唐德宗剿灭。

甘露之变

唐文宗在位时，曾联合宰相李训等人想要铲除宦官势力，因埋伏的甲兵暴露而失败。李训等人被宦官杀害，株连一千余人。

毒死皇帝的宦官

唐朝后期，宦官不仅掌兵权，甚至皇帝的拥立都由宦官决定，宦官王守澄和陈弘志一起暗杀唐宪宗，另立新君。

牛李党争

唐朝末期，皇宫被宦官掌控，而朝堂也被朝臣把持。以牛僧孺和李德裕为首的两个势力强大的派系经常在朝堂上争权夺利。

唐朝后期
政治衰败、经济衰退、战乱不断
李唐政权岌岌可危

玄宗出逃

唐玄宗晚年荒废朝政，追求享乐，各地节度使势力膨胀，兵变频发。

唐朝中期，节度使势力膨胀，中央与地方的力量对比失去平衡。

唐玄宗时期，边将安禄山与部将史思明发动叛乱，这就是历史上著名的"安史之乱"。

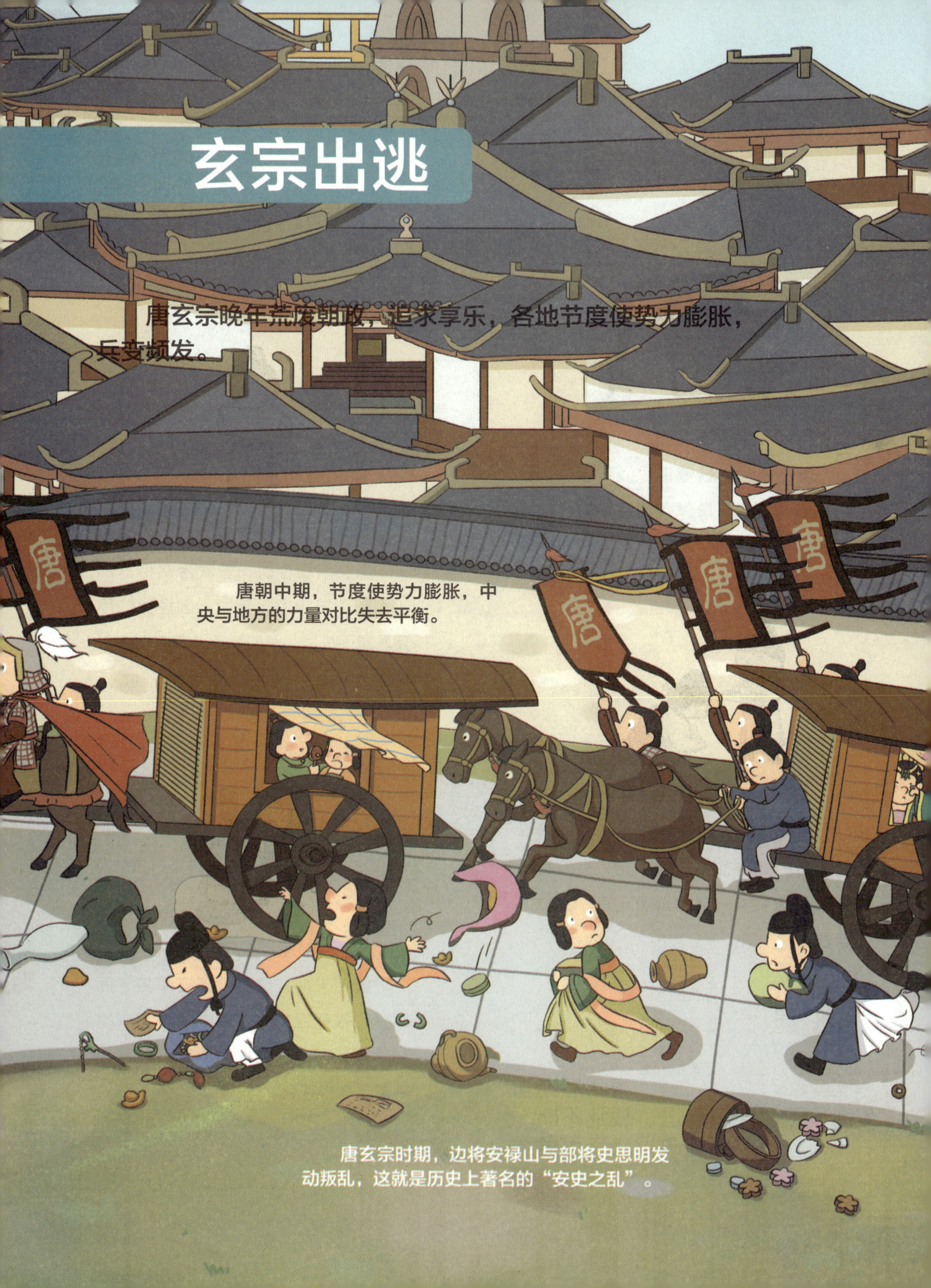

安史之乱爆发后，安禄山指挥主
力军先后攻下洛阳、潼关，直逼长安。

长安沦陷后，唐玄宗率从官
及杨贵妃等仓皇西逃。

逃难途中，在将士的逼迫下，唐
玄宗下令缢死杨贵妃，杀死杨国忠，史
称"马嵬驿兵变"。

西域大城
——阿斯塔那俑

"举目难见故土，抬头是同一片天空。"

从晋代到唐初，高昌国（在今新疆吐鲁番高昌区东南）生活着许多民族，汉人、车师人、突厥人、匈奴人、高车人、粟特人等多个民族的居民在这里都是平等的。640年，高昌国为唐朝所灭，后来唐朝在这里设置了安西都护府，高昌成为了唐帝国的一部分。

阿斯塔那墓群位于吐鲁番东南的阿斯塔那及哈拉和卓附近，是高昌城居民的公共墓地。墓主人大都是居住在此地的汉人，也有汉化的少数民族。出土的随葬品包括丝织品、文书及其他贵重文物数以千计，该墓群被当今学者称为"高昌的历史活档案""吐鲁番地区的地下博物馆"，于1988年被国务院列为全国重点文物保护单位。

近年来，中国考古学家

在阿斯塔那废墟中清理了近400座古墓。彩绘泥塑伏听俑、彩绘泥塑文官坐俑便是在该墓葬群出土的两件文物。阿斯塔那的地下世界，在考古学家们的研究和努力之下正慢慢走到现代人的眼前。

文物档案

名称：阿斯塔那俑

年代：唐代

材质：陶

规格：不详

出土地：新疆吐鲁番

收藏地：新疆维吾尔自治区博物馆

朱温代唐

新势力的崛起加速了王朝的瓦解。

不轮换就造反

唐朝末年，八百戍守桂州（桂林）的兵士因远戍六年（戍期一般为三年）思乡心切而集体起义，引发桂州兵变。

裘甫起义

唐朝后期，农民们实在受不了官员的压迫，有个叫裘甫（仇甫）的人领导农民向唐王朝发起反抗。

黄巢起义

黄巢率领义军攻下了洛阳和长安，建立了大齐政权。原为起义军将领的朱温后来投降朝廷，被封为节度使，与其他藩镇一起镇压了黄巢起义。

背叛兄弟是要被骂的

唐末，王仙芝率数千人起义，黄巢起义响应，并与王仙芝合兵。后来，王仙芝想接受朝廷的招安，被黄巢大骂了一顿才未接受。

政权飘摇
民心不稳
实力是一切政治斗争的基础

猖狂的宦官

由于唐昭宗想要削弱宦官势力，宦官刘季述便派人将他软禁在一座宫殿里，只留一洞用来递送食物。

引狼入室

唐昭宗被软禁后，宰相崔胤向朱温求救。朱温迎唐昭宗复位，并诛杀了几百名宦官和大臣。

长安遭毁

朱温挟持唐昭宗后，下令营建洛阳宫室，拆除长安城的旧宫殿，再将建筑材料丢进渭水，随渭水流到洛阳。

朱温代唐

朱温迁都洛阳后杀死唐昭宗，立唐昭宗的儿子李柷为帝。不久，他又废除了这个傀儡皇帝，自立为帝，唐帝国宣告灭亡。

巨大的王朝陨落
烽烟四起
流离失所的百姓
陷入了动荡之中

皇帝的祈祷
——唐鎏金飞天仙鹤纹银茶罗子

"大唐皇帝虔诚祈求帝国永恒兴旺。"

唐僖宗李儇（xuān）是唐朝倒数第三位皇帝，他在位期间平定了黄巢起义。

这位贪玩爱踢球的天子在位 15 年间，两度被赶出长安城。在他短暂而动荡的一生里，唐帝国已经到了大厦将倾，风雨飘摇的地步。年轻的皇帝无力挽回王朝的衰落，只能将内心的期望寄托于虚无的神佛。

在法门寺地宫出土了一套用金银制成的茶器。根据同时出土的《物账碑》记载，有"茶槽子、碾子、茶罗子（如唐鎏金飞天仙鹤纹银茶罗子）、匙子一副七事，共八十两"。"七事"是指茶碾、茶碾轴、罗身、罗斗、

罗盖、银则、长柄勺。从茶碾、茶碾轴、茶罗子等茶器的铭文看，这些茶器制作于唐咸通九年至十二年（868—871年），又有"文思院造"的字样。在茶罗子、银则、长柄勺等茶具上，还有"五哥"字样。而五哥正是唐僖宗李儇儿时的小名，由此可推知，这套茶具是僖宗向法门寺提供的供养物。

文物档案

名称：唐鎏金飞天仙鹤纹银茶罗子

年代：唐代

材质：银

规格：长 13.45 厘米
高 9.8 厘米
重 1472 克

出土地：陕西宝鸡法门寺

收藏地：法门寺博物馆

生活百态

唐代是历史上最开放的一个朝代，政治宽容，人民生活和谐。

火树银花

在正月元宵节时，唐睿宗命人在一棵二十丈高的树上挂五万多盏灯，号称"火树"。诗人苏味道用"火树银花"来形容灿烂的灯火。

爱香料的唐朝人

唐朝上流社会的人十分爱香，不仅洗澡要加香料，衣服要熏香，庭院里要种香味很浓的花草，而且连皇帝祭祀、科举考试时也要点香。

躁动的夜生活

唐朝时夜间实行宵禁制度，但在上元灯节（元宵灯节）那几天可以通宵玩乐，所以唐人常常在这几天彻夜狂欢。

喝茶怪癖

唐朝人煮茶有个习惯，要往茶里放生姜、橘皮、薄荷等佐料。

外卖服务

唐朝官员吴凑请朋友到家里吃饭，刚到家发现已备好一桌菜，问了仆人才知，原来东西两市有礼席服务，就算三百人的筵席也能很快备好送到家。

唐朝的刺身

唐朝人爱吃生鱼片，还特地写了《砍脍书》，里面记载了许多切鱼的技巧。

波斯草

波斯草就是菠菜，最初是作为贡品传入中国。

永业田

唐朝的永业田既指分给皇族、贵戚、勋臣和官吏的世禄田，也指均田制下分给男子植桑、枣树木作为世业的田地。

**在政治安定、经济繁荣的前提下
人们开始追求物质享受
以及舒适的娱乐生活**

囤胡椒的大贪官

胡椒在唐朝非常昂贵和稀缺。唐朝宰相元载被抄家时，在他家中发现了八百石胡椒。

人人有田种

唐朝实行均田制，规定每个年满18岁的男子都能分到100亩田，其中20亩为永业田，剩余80亩为口分田，年老还一半，身死全交还。

**人们对生活品质的高要求
促使了工艺手段的不断进步
促进了国家经济的发展**

愿众生得饱

——韩滉五牛图卷

"耕犁千亩实千箱，力尽筋疲谁复伤？但得众生皆得饱，不辞羸病卧残阳。"

　　《五牛图》是唐朝韩滉所作的黄麻纸本设色画，是中国十大传世名画之一，也是少数几件唐代传世纸绢画作品真迹之一，更是现存最古老的纸本中国画。

　　图中的五头牛从右至左按一字排开，状貌姿态各不相同。一头俯首在荆棵上蹭痒；一头翘首前仰，慢步前行；一头站立张嘴，似在嘶叫；一头回首吐舌；一头络首而立。整幅画面除最后右侧有一棵树外，再无其他的背景，因此每头牛也可独立成篇。

　　唐代初期，以牛、马为主要对象进行创作的画家逐渐增多，到中晚唐达到高峰，不少画家专以画牛、马而闻名于世。《五牛图》相传为韩滉在出游时目睹田间耕牛情景所画，又有另一说法，即五牛代表韩滉兄弟五人，

表达其坚韧、勤劳、温顺的品性，更含有爱国忠君的真情实感。同时，史书中记载，韩滉就任宰相期间非常注重农业的发展，以牛为画题，也很可能是有鼓励农耕的深意。

在技巧的运用上，画家用粗壮有力的墨线勾勒牛的轮廓。同时，画家将牛眼适当夸大，着意刻画，使牛的瞳眸炯炯有神，神采奕奕。元代画家赵孟頫评价这幅画说："五牛神气磊落，稀世名笔也。"

文物档案

名称：韩滉五牛图卷

年代：唐代

材质：纸

规格：纵 20.8 厘米

横 139.8 厘米

收藏地：故宫博物院

官场生活

唐朝的官员不仅言论十分自由，而且业余生活也丰富多彩。

心动福利

唐朝官员每月不仅可以领工资，还能领肉等实物。实物的种类和数量也不同。

终南捷径

唐朝进士卢藏用为了提高自己的知名度而去终南山隐居，后来朝廷听说了他隐居终南山的故事，就让他出来做官了。

你消费，我买单

唐朝官员可以定期举行官方宴会，费用由公款（当地州府）报销，称为公宴或官宴。

陪酒也要持证上岗

唐朝有个专门陪客人喝酒的职业，他们会被列入"官户"，受到法律保护。

事假人性化

唐朝官员父母在三千里外的，官员每三年有 30 天探亲假；子女结婚有 9 天假，其他亲戚结婚也有相应的假期。

颜控选才

唐朝士子们通过科举考试后，还要经过吏部选官审核，内容包括身、言、书、判。身，即审核形象。

唐律

唐律是唐代法律的总称，主要包括《武德律》《贞观律》《永徽律》《开元律》，是中国古代法制成熟的标志。

《唐六典》

《唐六典》是中国最早的一部行政法典，规定了唐朝中央、地方各级官府的组织规模、官员编制及其职权范围。

开放自由的言论
多姿多彩的业余生活
大大提高了官员们的生活幸福感

神圣的祝福
——镶金兽首玛瑙杯

"大陆另一端的文明，毫无顾忌地投入大唐开放的怀抱。"

据史书记载，波斯、拂菻、康国等国都曾多次向唐朝进献过玛瑙制品。起源于西域的镶金兽首玛瑙杯可能来自于某一次西域使者的进贡，也可能出自于某位居住在长安的西域工匠之手，抑或是汉族工匠仿制的作品，真相究竟如何，我们不得而知。但可以肯定的是，唐朝贵族非常喜欢这种西域造型的酒杯，并将拥有这些域外珍宝视为一种潮流和时尚。

这个镶金兽首玛瑙杯的杯体为角状兽首形，兽双角为杯柄，嘴部镶金帽，现收藏于陕西历史博物馆。它与古代欧洲一种名叫"来通"的酒器拥有一样的造型。"来通"在希腊语中是"流出"

的意思，大多做成兽角形。这种器物底部有小孔，其功能很像漏斗，多用于外交和祭祀活动中。这个镶金兽首玛瑙杯于 1970 年 10 月在陕西省西安市南郊何家村出土，是至今所发现的唐代唯一一件俏色玉雕，2002 年 1 月 18 日被列入《首批禁止出国（境）展览文物目录》。

文物档案

名称： 镶金兽首玛瑙杯
年代： 唐代
材质： 玉、黄金
规格： 高 6.5 厘米
   长 15.6 厘米
出土地： 陕西西安
收藏地： 陕西历史博物馆

奇闻趣事

唐朝包容开放的社会氛围，造就了唐人幽默风趣的性格。

靠"屎"发财

《岭表录异》中记载，唐朝有个养鸭人发现鸭子粪便里有黄金屑，就捡回家淘洗。最后，他靠鸭子粪便里的黄金发了财。

外来的和尚会念经

印度和尚那罗迩娑婆寐很会骗人。他自称精通长生不老术，骗取了唐太宗的信任。

舞马

舞马是专门用来在唐玄宗的生日宴会上跳舞祝寿的马，共 500 匹，每一匹都有名字。

斗鸡

唐玄宗爱好斗鸡，因此专门设立了管理斗鸡的官职。据史料记载，玄宗一次出行时，带着 300 只斗鸡用以消遣。

海纳百川，有容乃大
唐朝的社会民俗与以往有很大的不同
如婚姻自由、女性再婚等

烧尾宴

烧尾宴是唐代很流行的一种高级酒席，专门用来庆贺升官和考试上榜，其丰富程度可以和"满汉全席"相媲美。

胡风盛行

在长安，胡人经营的酒肆特别有名气，酒肆之中经常有异域风情的舞女起舞助兴，唐朝的汉人对少数民族的服饰也十分喜爱。

婚姻自由

唐代社会繁荣发达，思想开放自由，人们有一定的根据自己的意愿选择婚姻的自由，也不会歧视再婚的女性。

百人团体操

唐太宗亲编《破阵舞图》，召集120人穿铠甲拿兵器表演，这项表演又叫"七德舞"。

唐朝的强盛吸引着周边国家
促进了世界文化交流
形成了唐朝文化圈

最潮万花筒
——立狮宝花纹锦

"盛唐贵族们追求的新风尚。"

"锦，金也，作之用功重，其价如金。"锦在唐朝是一种价值不低于金银的硬通货。锦袍、衣锦还乡、锦绣、锦衣玉食等都是象征生活品质或身份地位的词语。而在唐朝，"锦彩"（华美的丝织品）也是规格和等级较高的官方封赏。如果能被皇帝赏赐一件锦袍，那可是天大的荣耀。据史书记载，新罗女王真德就曾亲自纺织了一件织锦并作五言《太平颂》，以国礼的规格进献给唐高宗。

这件唐代的立狮宝花纹

锦的花纹由中心的狮子以及圆环状花环组成，狮子很明显是从西域传入的动物纹样，而花环则是传统中式的风格，这种中西合璧的风格正是当时较为流行的团窠联珠纹样，也融合了自由的写实的风格。盛唐的贵族们追求流行风尚，与当时自信而开放的社会经济状况有很大关系。

名称：立狮宝花纹锦
年代：唐代
材质：织锦
规格：长 29 厘米
　　　　宽 46 厘米
出土地：不详
收藏地：中国丝绸博物馆

繁荣的都市

开放港口贸易，促进工商业发展，使得国家的经济十分发达。

大唐"CBD"

唐代大都市里商贸集中的区域被称为"市"。长安、洛阳都是商人云集的国际化大都市。

开元通宝

"通宝"是从唐朝开始的对钱币的称呼，为历代所沿用。开元通宝是唐朝的主流货币。

国际化港口

唐朝的广州有很多外国人，这些外国人在指定的地方居住。当时广州到西方的海上交通也较为发达。

"扬一益二"

唐代有"扬一益二"的说法，也就是说，扬州和益州的繁荣程度在国内数一数二。

多渠道的商品来源
多样化的商业运营模式
使得人们的生活愈发丰富

口蜜腹剑

宰相李林甫表面和善，言语动听，却常在暗中陷害玄宗宠信、对其相位有威胁的人，大家称他为"口有蜜，腹有剑"。

剖腹藏珠

一天，太宗与侍臣闲谈时说："听说有商人用刀划开肚子把珍珠藏进去，这样虽然很安全，但商人也死了。他为物伤身，轻重颠倒，真是可笑。"

唐代人口

据史料记载，唐朝人口最多的时候，大约有 5200 万人；据现代历史学家推算，唐代的真实人口数量很有可能超过 8000 万。

唐都"银行"

随着商业的发展，唐朝大城市中出现了柜坊和飞钱。柜坊经营钱物寄付，在柜坊存钱的客户可以凭书帖（类似于支票）寄付钱财。

交通便利
经济发达
使工商业领域运转得更加顺畅

梨园夜宴

唐玄宗精通音律，晚年爱好乐舞，为此专门设立训练乐工的机构——梨园。

唐玄宗挑选了大量的乐舞艺人，在梨园教授编曲，因此也有"皇帝梨园弟子"的说法。

梨园是唐玄宗训练乐器演奏人员的场所，与负责礼乐的太常寺和串演歌舞散乐的教坊三足鼎立。

后世将梨园与戏曲联系在一起，称戏曲界为梨园行，称戏曲从业人员为梨园子弟。

在唐玄宗的大力倡导下，梨园培养了一大批表演艺术家。

唐玄宗是梨园的主要领头人，每逢节日宴会，他都会带领艺人排乐编舞。

科技和文化的繁荣

唐朝可以说是中华文化科技繁荣发展的黄金时期。

《坛经》

唐代佛教的禅宗领袖慧能创立了禅宗南宗，被推为禅宗六祖。其说教在死后由弟子汇编成书，称《六祖坛经》，略称《坛经》。

国字号编书团队

唐太宗开设史馆，由宰相监制，专门编修前代史书，共编写了《晋书》《梁书》《陈书》《北齐书》《周书》《隋书》等六部史书。

《史通》

《史通》是中国古代首部系统的史学评论著作。书中总结了历代史书的优劣得失。

吴带当风

吴道子被人称为"画圣"。他画的人物看上去都有一种被风吹拂的飘逸感觉，人们使用"吴带当风"来形容他的画风。

颜筋柳骨

颜真卿和柳公权的书法造诣极高，二人合称"颜柳"。后世以"颜筋柳骨"来称道他们的书法。

政治开明、经济繁荣、社会太平
造就了盛唐独特的文化艺术魅力

《唐本草》

随着外域文化的传入，唐代的药品和物种数目不断增加。为了完善医药体系，唐朝官府下令收录编纂了《唐本草》，该书也是中国第一部药典。

火药

唐朝时，中国人已经发明了火药。唐朝末年，火药被广泛运用于军事。

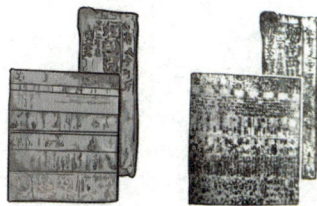

雕版印刷术

雕版印刷术发明于唐朝，它是一种在板上刻字和图画，再刷墨水，盖上纸印刷的技术。《金刚经》是雕版印刷的典型代表作。

测量子午线

僧人一行根据南宫说等人的测量，实际归算出了地球子午线一度的长度。

医学百科全书

唐代的孙思邈被称为"药王"。他不仅医术高超，还撰写了著名的医书《千金方》。

多种科技发明的出现
推动了社会的进步
对后世影响深远

九秋风露越窑开
——秘色瓷莲花碗

"跨越千年，再现秘色瓷的神采风韵。"

　　越窑，也称秘色窑，这里所产的秘色瓷配方是保密的，专用于皇家瓷器的烧造。秘色瓷是越窑青瓷精品之一，这件秘色瓷莲花碗就是一件越窑青瓷中的代表作，可称得上秘色瓷中的稀有作品，精美绝伦，出类拔萃。

　　莲花盏由碗和盏托两部分组成。碗为直口深腹，外壁饰浮雕莲花三组。盏托的形状如豆，上部为外翻口盘，刻划双钩仰莲两组；下部为向外撇的圈足，饰浮雕覆莲两组。瓷胎呈灰白色，胎质细腻致密，颗粒均匀纯净，

托心平整，正中镂有一小圆孔直通器底，孔边刻"项记"二字。莲花盏通体施青釉，釉层厚，光洁如玉，如宁静的湖水一般，清澈碧绿，器形敦厚端庄，比例适度，线条流畅，丰腴华美，通体恰似一朵盛开的莲花，构思巧

妙,浑然天成,被认为是五代、
北宋年间秘色瓷标准器。

　　这件越窑秘色瓷莲花碗
于 1956 年出土于苏州虎丘云
岩寺第三层,属于第三批禁
止出国(境)展览文物。

文 物 档 案

名称:秘色瓷莲花碗

年代:五代

材质:瓷

规格:通高 13.2 厘米
　　　　口径 13.8 厘米

出土地:江苏苏州

收藏地:苏州博物馆

合久必分

政权分裂，社会动荡不安，文化艺术却百花齐放。

梁晋争霸

后梁内乱后，北方的晋王李存勖趁机做大，与后梁连年征战，之后在魏州称帝，建立后唐。

后唐政变

后唐李存勖灭梁后横征暴敛、穷奢极欲，后为变兵所杀。原部将李嗣源入洛阳称帝，略减赋税，社会有所安定。

儿皇帝

后唐末期，太原留守石敬瑭向契丹求援，后得以灭后唐，并被册封为帝，建立后晋，称契丹主为"父皇帝"，自称"儿皇帝"。

短命的后汉

契丹人灭后晋后，刘知远趁机称帝，仍属后晋。契丹人北还后，刘知远攻下洛阳，建立后汉，定都汴（今河南开封）。后汉政权只存在了4年。

长乐老，不倒翁

五代名臣冯道处世圆通，在五代乱局中一直在朝为官，共侍奉过四朝八姓十个皇帝。

文化兴盛

由于兴科举、建学校，南唐文化兴盛，不仅朝堂上人文鼎盛、名人辈出，就连皇帝李煜都是名传千古的大诗人。

抢劫贡物

五代的南平国力弱小，但却是南北交通要冲。为了增加收入，皇帝常令人劫掠南方各国的贡物。

《花间集》

花间集

《花间集》是中国文学史上的第一部文人词选集，收录了温庭筠、韦庄等晚唐五代词人的词作 500 首。

警枕

吴越王钱镠为了不让自己睡太熟，就用圆木作枕头，叫作"警枕"。如果睡太熟了，头会从枕头上滑下，人也就醒了。

五代四大家

五代四大家指五代时的荆浩、关仝、董源、巨然四位画家。他们的画风承唐启宋，形成了独特的时代风格。

合久必分，分久必合
五代十国虽政权分立
但统一始终是客观存在的必然趋势

盛筵难再

——《韩熙载夜宴图》

"洞穿世事的智慧带给人的往往不是快乐而是悲哀。"

《韩熙载夜宴图》是五代十国时期南唐画家顾闳中的绘画作品，现代流传下来的是宋代摹本，绢本设色，现藏于故宫博物院。《韩熙载夜宴图》描绘了官员韩熙载在家中设夜宴，歌舞行乐的情景。全图分聆听琵琶、擂鼓起舞、盥手小憩、重奏管篇（yuè）、再开歌舞等五个场景。

整幅作品线条遒劲流

畅，工整精细，构图富有想象力。作品中人物的造型准确精微，线条工细流畅，色彩绚丽清雅。不同物象的笔墨运用又富有变化，尤其设色更见丰富、和谐，仕女的素妆艳服与男宾的青黑色衣衫形成鲜明对照，是五代时期十分具有代表性的人物画作。

文物档案

名称：《韩熙载夜宴图》

年代：五代

材质：绢本

规格：纵 28.7 厘米
横 335.5 厘米

收藏地：故宫博物院

五代政权更迭图

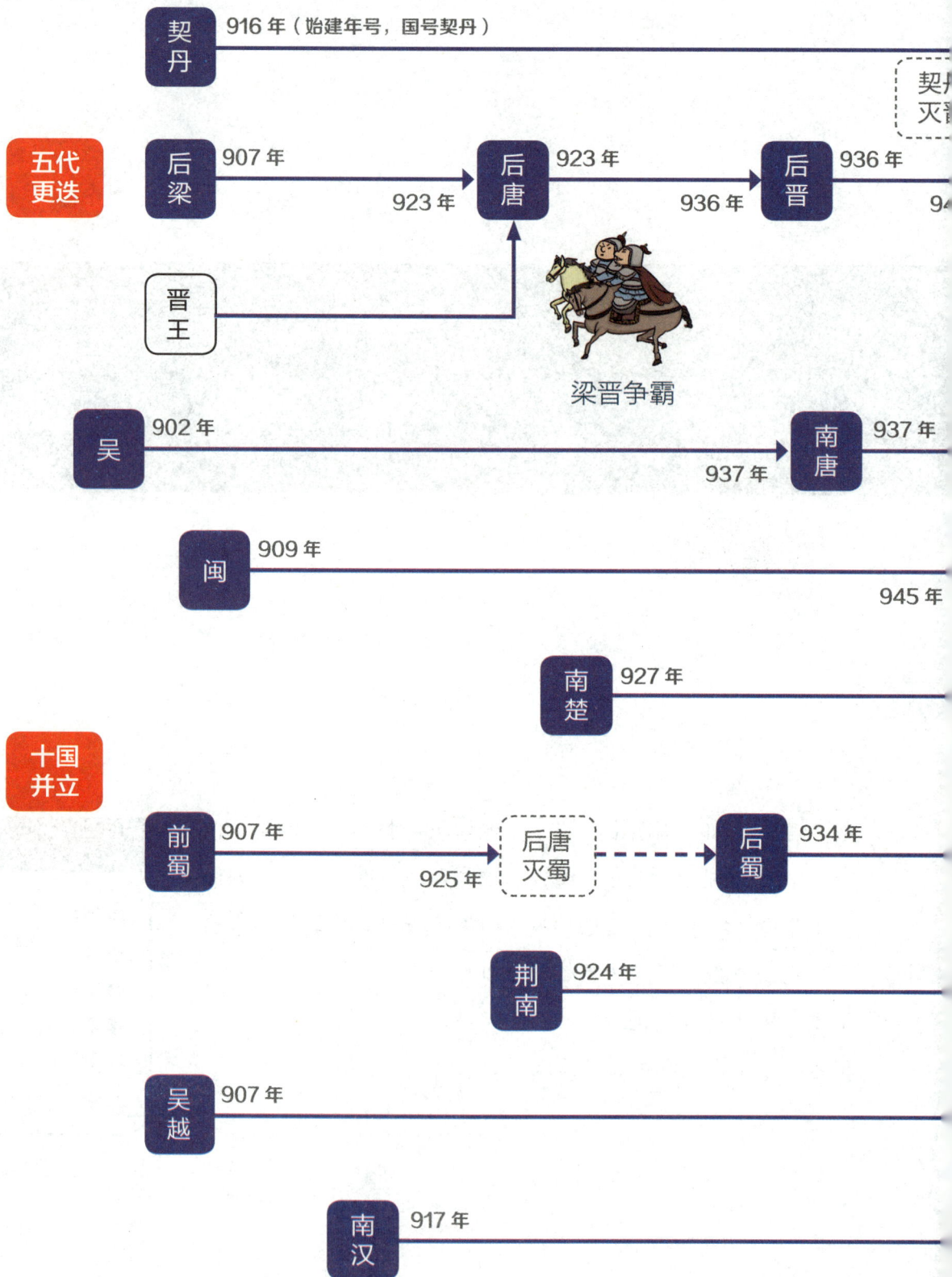

	契丹	916年（始建年号，国号契丹）				契丹 灭晋
五代更迭	后梁	907年	→ 后唐 923年 923年	→ 后晋 936年 936年	94	
	晋王			梁晋争霸		

吴 902年 ————————→ 937年 南唐 937年

闽 909年 —————————— 945年

南楚 927年

十国并立

前蜀 907年 ——925年——→ 后唐灭蜀 - - -→ 后蜀 934年

荆南 924年

吴越 907年

南汉 917年

947年（改国号为辽）

983年 大契丹 割据北方 ⇢

947年
950年 后周 951年 960年 北宋

北汉 951年 979年 宋灭北汉

975年 宋灭南唐

统一中原 ⇢

后唐政变

951年 南唐灭南楚 951年 963年 宋平楚地

965年 后蜀降宋

963年 荆南降宋

978年 吴越降宋

971年 宋灭南汉

91

隋、唐、五代历史大事记

581—960 年

581 年

隋朝建立

杨坚逼周静帝让位，自己当了皇帝。

589 年

统一全国

隋文帝逼降陈后主，陈亡。隋文帝完成了大一统。

618 年

唐朝建立

隋炀帝被杀，李渊称帝，建立唐朝。

936 年

儿皇帝

石敬瑭向契丹求援，发动政变，建立后晋，自称"儿皇帝"。

926 年

后唐政变

后唐李存勖横征暴敛，李嗣源反叛，夺取了后唐的政权。

907 年

朱温代唐

朱温迁都洛阳后，逼唐哀帝禅位，建立后梁，取代了唐朝。

627—649 年

贞观之治

唐太宗李世民勤于政事，开创了贞观盛世。

650—655 年

永徽之治

唐高宗时期，唐朝疆域扩大，百姓富安，天下大治。

690 年

女皇登基

武则天称帝，成为中国历史上唯一的女皇帝。

835 年

甘露之变

唐文宗联合宰相李训等人欲铲除宦官势力，最终失败。

756 年

马嵬驿兵变

安史之乱爆发后，唐玄宗被将士逼迫下令赐死杨贵妃。

713—741 年

开元盛世

唐玄宗统治前期整顿吏治、精简机构等，唐朝进入了鼎盛时期。

图书在版编目（CIP）数据

藏在博物馆里的中国历史·隋唐那些事儿 / 有识文化，成都地图出版社编著；李红萍绘 . -- 成都：成都地图出版社有限公司，2022.3

ISBN 978-7-5557-1860-4

Ⅰ . ①藏… Ⅱ . ①有… ②成… ③李… Ⅲ . ①中国历史—隋唐时代—通俗读物 Ⅳ . ① K209

中国版本图书馆 CIP 数据核字（2021）第 263594 号

藏在博物馆里的中国历史·隋唐那些事儿

CANG ZAI BOWUGUAN LI DE ZHONGGUO LISHI · SUI-TANG NAXIE SHIR

策 划	唐艳
主 编	鄢来勇 刘国强 黄博文
副主编	姚虹 范玲娜 唐艳
责任编辑	陈红 魏玲玲
审 校	魏小奎 吴朝香 王颖 赖红英 田帅
责任校对	向贵香
审 订	肖圣中 邹水杰 毌有江 李春燕 李青青 聂永芳 刘国强 姚虹 张忠 程海港
出版发行	成都地图出版社有限公司
印 刷	运河（唐山）印务有限公司
经 销	全国各地新华书店
开 本	880 毫米 ×1230 毫米 1/16
印 张	6
字 数	80 千字
版 次	2022 年 3 月第 1 版
印 次	2022 年 3 月第 1 次印刷
书 号	ISBN 978-7-5557-1860-4
审 图 号	GS（2022）17 号
定 价	36.00 元